CATALOGUE

DE

LIVRES ET MANUSCRITS CHINOIS.

Tiré, pour une distribution privée, à CENT EXEMPLAIRES NUMÉROTÉS, sur papier vergé de Hollande.

CATALOGUE

DES

LIVRES ET MANUSCRITS CHINOIS

COLLECTIONNÉS

PAR **A. LESOUËF**

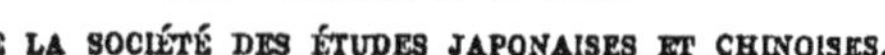
MEMBRE DE LA SOCIÉTÉ DES ÉTUDES JAPONAISES ET CHINOISES.

LEIDE
IMPRIMERIE ORIENTALE DE E. J. BRILL.
IMPRIMEUR DE LA SOCIÉTÉ DES ÉTUDES JAPONAISES ET CHINOISES.
1886.

CATALOGUE

DES

LIVRES ET MANUSCRITS CHINOIS

COLLECTIONNÉS

PAR A. LESOUËF.

La collection dont nous donnons ici la notice, et qui sera complétée par un Catalogue de livres et de manuscrits Japonais, Tartare-Mandchoux et Tibétains, a été entreprise tout particulièrement au point de vue de l'histoire de l'art et de l'ethnographie dans l'extrême Orient. On a jugé néanmoins désirable d'y joindre un certain nombre d'ouvrages de littérature, destinés à représenter sous quelques unes de ses faces le mouvement intellectuel qui s'est produit dans ces contrées éloignées du monde asiatique.

Il n'existe pas encore de Bibliographie Chinoise indigène de quelque étendue, mais chaque jour de nouveaux renseignements sont publiés de façon à permettre bientôt l'accomplissement d'un tel travail. Les indications renfermées dans le présent catalogue pourraient peut-être contribuer à préparer cette entreprise de plus en plus nécessaire pour les orientalistes en général et pour les sinologues en particulier.

Dans les conditions actuelles des études orientales, un catalogue qui ne renfermerait que la simple mention des titres des volumes, outre l'aridité qu'il présenterait à la lecture, n'aurait peut-être pas toute l'utilité qu'on est en droit d'attendre d'une telle publication. C'est pourquoi on a cru utile de donner parfois des notices analytiques et descriptives qu'on peut être bien aise de rencontrer en certaines occasions.

Enfin, on a cru devoir ajouter à la bibliographie proprement dite quelques figures destinées à faire connaître le caractère artistique de certaines œuvres particulièrement intéressantes.

La collection décrite ci-après ne renfermant pas un nombre considérable de numéros, il n'a pas paru nécessaire de la répartir sous un certain nombre de rubriques; et il a semblé suffisant de décrire les volumes suivant leur ordre d'entrée, de façon à pouvoir publier par la suite, s'il y a lieu, une liste supplémentaire. Il a été remédié toutefois à cette absence de classification bibliographique par un index méthodique qui facilitera les recherches.

1.

五經讀本 *Ou-king tou-pen.* Les Cinq Livres Canoniques de la Chine. *Canton*, Impr. des *Ou-yun leou*, 1780. —

Les Livres Canoniques de l'antiquité chinoise sont communément désignés sous le nom de 經 *king.* Le nombre de ces livres a plusieurs fois varié: on en compte habituellement cinq, et parfois jusqu'à neuf, qui sont les suivants:

1. 易經 *Yih-king.* Le Livre des Transformations.
2. 書經 *Chou-king.* Le Livre par excellence (Bible).
3. 詩經 *Chi-king.* Le Livre des Poésies populaires.
4. 周禮 *Tcheou-li.* Le Rituel de la dynastie des Tcheou (1134 à 256 avant notre ère).
5. 儀禮 *I-li.* Le recueil des Rites.
6. 禮記 *Li-ki.* Le Grand Rituel.
7. 春秋 *Tchun-tsieou.* Le Printemps et l'Automne.
8. 孝經 *Hiao-king.* Le livre de la Piété filiale.
9. 爾雅 *Eul-ya.* Le Lexique.

On a ajouté parfois aux Livres Canoniques, les *Sse-chou* ou Quatre Livres de l'École de Confucius (Voy. Nos 10, 11, 12), ce qui a porté le nombre des *King* à treize.

2.

監本易經 *Kien-pen Yih-king.* Le livre canonique des Transformations, avec un commentaire perpétuel. Impr. *Kiaï-tse-youen.* — Deux vol. in-4°.

3.

書經傳說彙(欽定) *Chou-king tchouen-choueh-weï (king-ting).* Le Livre par excellence ou Bible des anciens Chinois, second Livre Canonique, avec un commentaire perpétuel. — Vingt-deux vol. gr. in-8°, avec **figures**, dans deux boites.

4.

詩經傳說彙(欽定) *Chi-king tchouen-choueh-weï (king-ting).* Le Livre des Poésies et des Chants populaires, troisième livre canonique, avec un commentaire perpétuel. — Vingt-quatre vol. gr. in-8°.

5.

禮記義疏 *Li-ki i-sou.* Le Grand Rituel, publié avec un commentaire perpétuel, par ordre impérial. — *S. l. n. d.* — Quatre-vingt deux tomes en 40 vol. in-4°.

Voy., plus haut, la note du n° 1.

6.

監本春秋 *Kien-pen Tchun-tsieou.* Le Printemps et l'Automne, ouvrage de Confucius, avec un commentaire perpétuel. — Six vol. in-4°, avec **carte**.

Ce *King* renferme l'Histoire du royaume de 魯 *Lou*, patrie de Confucius: il a été traduit en anglais par M. James Legge.

7.

左傳 *Tso-tchouen.* Les Traditions du célèbre Tso Kieou-ming, au sujet de l'histoire du royaume de Lou, patrie de Confucius, pour servir de développement au *Tchun-tsieou*; avec un commentair perpétuel. — Six vol. in-8°, dans une boite.

8.

小學體註大成 *Siao-hioh ti-tchu-ta-tching.* La Petite Étude, avec un commentaire perpétuel. — Quatre vol. gr. in-8°, dans une boite.

Cet ouvrage renferme en outre:

a. 孝經 *Hiao-king* on Livre sacré de la Piété filiale.

b. 忠經 *Tchoung-king* on Livre sacré du Devoir.

Il existe plusieurs traductions du *Hiao-king* de Confucius; quant au *Tchoung-king*, il a été traduit en français par M. Léon de Rosny.

9.

國策 *Koueh tseh.* Chronique des Royaumes, durant l'époque agitée comprise entre les années 468 et 255 avant notre ère; avec un commentaire perpétuel. *S. l. n. d.* — Quatre vol. in-4°.

Cet ouvrage est également intitulé *Tchen-koueh-tseh* «Chronique des Royaumes belligérants».

10.

四子書 *Sse-tse chou.* Les Quatre Livres philosophiques de Confucius et de son École, avec un commentaire perpétuel. Impr. *Yu-chan leou.* — In-8°.

Les Quatre Livres philosophiques ou 四書 *Sse-chou* de l'École de Confucius, sont:

1. 大學 *Ta-hioh.* La Grande Étude.
2. 中唐 *Tchoung-young.* L'Invariabilité dans le Milieu.
3. 論語 *Lun-yu.* Les Discussions philosophiques.
4. 孟子 *Meng-tse.* Les œuvres du philosophe Mencius.

11.

四書眞本 *Sse-chou tchin-pen.* Texte correct des Quatre Livres de l'École de Confucius, avec un commentaire perpétuel. — Six vol. in-8°, dans une boite.

12.

論語 *Lun-yu.* Le livre des Discussions philosophiques engagées entre Confucius et ses disciples. — Deux vol. in-4°.

13.

聖諭廣訓 *Ching-yu kouang-yun.* Les Saintes Instructions, composées par l'empereur *Kang-hi*, de la dynastie mandchoue actuellement régnante, pour l'instruction du peuple. — Deux vol. in-12.

Cet ouvrage est composé de phrases de sept caractères. On en a écrit un développement en chinois moderne (*kouan-hoa*).

14.

三字經訓詁 *San-tse king hiun-kou.* Le Livre scolaire des phrases composées de Trois caractères, avec un commentaire perpétuel. — Trois vol. in-4°, belle édition.

Cet ouvrage a été traduit en français par Julien.

15.

唐詩 *Tang-chi ho-siuen tsiang-kiaï.* Poésies les plus remarquables de l'époque des Tang, avec un commentaire perpétuel. — Impr. *Weï-king tang*, 1831. — Six vol. in-12.

Un choix de pièces de vers extraites de ce recueil a été traduit en français par le marquis de Saint-Denys.

16.

感應篇圖說 *Kan-ing-pien tou-choueh.* Historiettes avec images relatives du Livre des Récompenses et des Peines, attribué au célèbre philosophe Lao-tse (V° siècle de notre ère). — *S. l. n. d.* — In-8°; figures.

17.

錢志新編 *Tsien-chi tsin-pien.* Traité de Numismatique Chinoise. Édition de l'époque de l'empereur Kang-hi. — Quatre vol. in-4°, avec de nombreuses figures.

18.

明心寶鑑 *Ming-sin pao-kien.* Le Miroir des trésors du cœur illuminé, publié dans la salle de la littérature heureuse. — Un vol. in-4°.

Ouvrage de morale confucéiste.

19.

幼學故事 *Yeou-hioh-kou-sse.* Explication des locutions littéraires, allusions et fait historiques que doivent connaître en Chine les personnes instruites. — Quatre vol. in-4°.

20.

靖海氛記 *Tsing-haï fen-ki.* Histoire de la destruction des pirates qui infestaient les mers de la Chine. — Un vol. in-12.

Traduit en anglais par Neumann, de Munich.

21.

芥子園畫傳 *Kiaï-tse-youen Hoa-tchouen.* Histoire du Dessin, composée dans le Jardin de la Moutarde. Croquis de l'une des écoles célèbres de la Chine; ouvrage de 李笠翁 *Li Lih-oung.* 1679. — Un vol. in-4°, **figures.**

Cet ouvrage comprend quatre parties: 1. Du Paysage. — 2. De l'Epidendrum, du Bambou, du Pêcher et du Chrysanthème. — 3. Des fleurs, des oiseaux, des hommes et des édifices. — 4. Du Portrait.

Les beaux-arts ont été cultivés en Chine depuis les temps les plus reculés, car certain vases, remontant à la dynastie des *Chang* et même au delà (XVIII à XX siècles avant notre ère), prouvent que l'étude des formes plastiques était en honneur chez les Chinois dès les premiers temps de leur monarchie. Il ne semble cependant pas que l'art du dessin ait été l'objet de principes et de règles écrites avant les premiers siècles de notre ère, tandis que l'art de la musique était depuis longtemps l'objet de savants travaux lorsque vécut Confucius (VIe siècle av. n. è.).

Li Lih-oung est considéré à juste titre comme un des plus éminents restaurateurs de l'art chinois du dessin, et ses principes ont été successivement adoptés par la plupart des artistes de la Chine moderne. Ce peintre célèbre fut un des premiers qui vinrent réagir contre la tendance qu'on avait avant lui à employer dans la peinture de chaque objet des formes arrêtées un certain jour, apprises ensuite par cœur par tous les dessinateurs, et reproduites sans cesse sans autres variation que celles qui résultent du mode de disposition des objets représentés.

Le père de Li Lih-oung, durant la première jeunesse de celui-ci, apprenait à son fils à faire des dessins ou des caricatures en se servant, en guise de pinceau, d'un tube mince de bambou dont il avait amolli l'extrémité en partageant les fibres du bois. Il prétendait que les mauvais artistes seuls recherchaient toujours de bons pinceaux, et que ceux qui avaient du talent devaient pouvoir dessiner avec le premier objet venu, pourvu qu'ils aient de l'encre pour le tremper.

Dessins de Li Lih-oung (N° 21).

22.

艸字彙 *Tsao-tse weï.* Dictionnaire de l'écriture cursive dite *tsao* ou rapide et embrouillée. *S. l. n. d.* — Six vol. in-8. maj.

23.

雷峯塔 *Loui-foung tah.* Conte populaire chinois. *S. l. n. d.* — Trois vol. in-12.

Traduit en français par Stanislas Julien sous le titre de *Blanche et Bleue.*

24.

Notices biographiques sur les personnages célèbres de l'histoire de Chine. — Un vol. in-4° plié en paravent et orné de 14 portraits peints sur feuilles d'arbres.

25.

Album de sujets variés peints sur soie. — Un vol. in-4° plié en paravent, dans une boite.

26.

妙法蓮華經 *Miao-fah Lien-hoa king.* Le Livre sacré du Lotus de la bonne Loi; l'un des neuf dharmas du canon bouddhique. — Deux vol. in-8° en paravent, imprimés sur papier à reflets argentés; dans une boite de soie noire (Édition japonaise).

27.

龍圖公安 *Loung-tou-koung-ngan.* Les Causes célèbres de la Chine, ou les Jugements de Pao-koung, le Salomon chinois. Impr. *Yih-king tang*, 1816. — Cinq vol. in-12, avec figures.

Plusieurs contes de ce recueil ont été traduits en français par M. Théodore Pavie et par M. Léon de Rosny.

28.

大行皇帝遺詔 *Ta-hing hoang-ti i-tchao.* Le Testament de l'empereur Kia-king (1795-1820). — Une pièce in-4°, imprimée sur papier jaune; titre à l'encre bleue.

29.

京報 *King-pao.* Le Moniteur Officiel du gouvernement Chi-

nois, publié à Péking sous le règne de l'empereur Hien-foung. — Recueil de numéros dans une boite.

[Quelques numéros de ce Journal sont **Manuscrits**].

30.

感應篇(太上) *Kan-in-pien* (*Taï-chang*). Le Livre des Récompenses et des Peines, attribué du célèbre philosophe Lao-tse (VIe siècle avant notre ère). *Canton*, Impr. *Wen-king tang*, s. d. — Deux tomes en un vol. in-12.

Traduit en français par Abel-Rémusat et par Stanislas Julien.

31.

碑在京興福寺 *Peï tsaï king Hing-fouh sse.* Inscription du Monastère de Hing-fouh sse, à la capitale. — Un vol. in-8°, en paravent, imprimé en lettres blanches sus fond noir; entre deux ais de bois.

Impression fort ancienne en écriture dite *pan-tching-pan-tsao*, c'est-à-dire moité correcte et moitié cursive.

32.

La culture du thé. Collection de grandes peintures sur papier. — Deux albums dans un carton gr. in-fol.

33.

百篇大全 *Peh-pien-ta-tsuen.* Petite Encyclopédie populaire. *Canton*, s. d. — Un vol. in-8°.

34.

西清古鑑 *Si-tsing-kou-kien.* Miroir des Antiquités de la collection Si-tsing, classées par ordre chronologique. Ouvrage connu sous le nom de «Musée impérial de Péking». *S. l.*, 1749. — Quarante vol. in-fol. en quatre tao, imprimés sur papier blanc, **figures.**

35.

集古名公画式 *Tsih-kou-ming-koung-hoa-cheh.* Traité

chinois de l'art du dessin; édition japonaise. *Kyau-to*, s. d. — Quatre vol. in-8°, dans une boite.

36.

高王觀世音經 *Kao-wang kouan-chi-in-king.* Le Livre sacré de Kouan-in, ouvrage bouddhique. Édition populaire avec une gravure représentant Kouan-in au milieu d'une fleur de Lotus.

37.

高古圖 *Kao-kou-tou.* Figures pour l'étude de l'antiquité. *S. l.*, 1752. — Six vol. petit in-fol., dans une boite.

38.

Métiers des hommes et des femmes. Album de peintures sur papier de riz. — Deux vol. in-fol. min.

39.

工匠画譜 *Koung-tsiang-hoa-pou.* Peintures sur papier de riz représentant les différents métiers des Chinois. — Deux vol. in-fol. MSC.

40.

大清一統志 *Taï-tsing Yih-toung-tchi.* Géographie Impériale de la dynastie mandchoue des Très-Purs, actuellement régnante. — Douze vol. in-fol. min.

41.

衛藏圖識 *Weï-tsang-tou-cheh.* Description du Tibet. — Deux vol. in-12, avec **figures**, cartes, titre en caractères antiques.

42.

三國志 [*Ti-yih tsaï-tse chou*] *San-koueh tchi.* Histoire des Trois Royaumes, le premier des dix chefs-d'œuvre de la littérature chinoise moderne, composé par 羅貫中 *Lo Kouan-tchoung*, sous la dynastie Mongole des Youen. Impr. *Ching-teh tang.* — Vingt vol. in-8°.

On appelle 才子 *tsaï-tse* «lettrés de talent» les auteurs de dix ouvrages romanesques généralement considérés comme les chefs-d'œuvre de la littérature chinoise moderne. Ce sont les suivants :

1. 三國志 *San-koueh tchi.* Histoire des Trois Royaumes.
2. 好逑傳 *Hao-kieou tchouen.* Histoire de l'Épouse accomplie.
3. 玉嬌梨 *Yu-kiao-li.* Mesdemoiselles Jade Rouge, Sans-Beauté et Fleur de Prunier.
4. 平山冷燕 *Ping-chan-lin-yen.* Les Deux jeunes filles lettrées.
5. 水滸傳 *Choui-hou tchouen.* Histoire des Pirates.
6. 西廂記 *Si-siang ki.* Histoire du Pavillon d'Occident.
7. 琵琶記 *Pi-pa ki.* Histoire du Luth.
8. 花箋 *Hoa-tsien.* Le Papier d'amour.
9. 平鬼傳 *Ping-koueï tchouen.* Histoire de la pacification des Démons.
10. 白圭志 *Peh-koueï-tchi.* Histoire du Sceptre blanc.

43.

好逑傳 *Hao-kieou tchouen.* Histoire de l'union bien assortée: le second des chefs-d'œuvres de la littérature chinoise moderne. *Canton*, s. d. — Quatre vol. in-12.

Traduit en français par Guillard d'Arcy.

44.

玉嬌梨 [*Ti-san tsaï-tse*] *Yu-kiao-li.* Jade Rouge, Sans-Beauté et Fleur de Prunier; roman chinois. *Canton*, s. d. — Quatre volumes in-12.

Le *Yu-kiao-li* est, sans contredit, un des romans les plus remarquables de la Chine moderne. Il a été traduit d'abord d'une façon spirituelle par Abel-Rémusat, et ensuite d'une façon philologique par St. Julien.

Cet ouvrage, très populaire à la Chine, renferme le récit romanesque des événements qui se sont passés en Chine de 168 à 265 de notre ère, et qui ont abouti à la formation des Trois

Royaumes de *Chouh*, *Weï* et de *Wou*. Une traduction française de ce roman a été entreprise par M. Théodore Pavie, mais il n'en a paru que les deux premiers volumes.

45.

平山冷燕 *Ping-chan-ling-yen.* Les deux jeunes filles lettrées; le quatrième des chefs-d'œuvre de la littérature chinoise moderne (*Tsaï-tse chou*). Édition du citoyen Fleur-de-Ciel. Impr. *Yu-tchih tang.* — Quatre vol. in-12.

Traduit par Julien. — Voy. n° 42.

46.

Scènes empruntées au Théatre Chinois. Collections de peintures sur papier de riz. — Album in-4°, MSC., relié en soie damassée rouge.

47.

Représentation de la Cour Impériale de Péking. Album de peintures sur papier de riz. — MSC. in-fol. min., relié en soie damassée rouge.

48.

佛說高王白衣觀音菩薩經 *Foh-choueh kao wang peh-i kouan-in pou-sah.* Le Livre sacré de la déesse Kouan-in. — Un vol. in-4° en paravent, avec 2 **figures**, impression sur papier blanc; relié entre deux ais recouverts de toile rouge.

49.

萬壽成典 *Wan-cheou tching-tien.* Les fêtes de l'empereur Kien-loung. — Trente huit vol. de texte et huit vol. de **figures** in-4°.

Ce grand ouvrage est une des publications les plus remarquables que l'on connaisse parmi les livres à illustrations des Chinois. Les nombreuses figures qui représentent, jusque dans leurs moindres détails, les fêtes célèbres données en l'honneur de l'empereur *Kien-loung* (1736-1795), sont extrêmement curieuses, tant à cause de la variété des scènes et des paysages qui y sont représentés qu'en raison du talent exceptionnel avec lequel on a su dessiner, dans mille et attitudes différentes, chacun des personnages qui figurent dans les foules. Ces dessins montrent, en outre, une connaissance déjà assez approfondie des lois de la perspective qui est sans cesse «aérienne», c'est-à-d re qui suppose le spectateur placé sur une hauteur d'où il domine la scène exposée devant ses yeux. Un spécimen de ces nombreux dessins a été repoduit photographiquement sur la page ci-contre.

Dessin extrait du *Wang-cheou-tching-tien* (N° 49).

50.

御製西湖景詩 *Yu-tchi Si-hou king chi.* Poésies sur les sites du lac Si-hou, composées par ordre impérial. Texte chinois en caractères *li*, avec dessins, le tout tissé en soie. — Un vol. en paravent; reliure chinoise en bois de fer avec incrustations.

51.

謝遂畫樓閣 *Sie-soui hoa leou-koh.* Album de peintures sur papier. — Trois vol. in-4° entre de ais de bois.

Tome I: Les Montagnes et les Rivières. — Tome II: L'Homme. — Tome III: Les Bâtiments.

52.

風月秋聲 *Foung-youeh tsieou-ching.* Les sons d'automne du vent et de la lune; recueil MSC. de peintures représentant les principales scènes du célèbre roman chinois intitulé *Si-siang ki.* (Voy. N° 72.) — Un vol. in-4° en paravent, entre deux ais.

53.

御製養正圖讃 *Yu-tchi Yang-tching-tou-tsan.* Recueil MSC. de peintures sur papier saupoudré d'or. — Un vol. in-24, entre deux ais de bois.

54.

草菴紀遊詩 *Tsao-ngan-ki yeou-chi.* Poésies sur une promenade. — Un vol. in-8°, imprimé en caractères blancs sur fond noir et daté de 1815; entre deux ais de bois.

Beau spécimen d'écriture ancienne dite *pan-tching-pan-tsao.*

55.

龍威秘書九集 *Loung-weï pi-chou kieou-tsi.* Fragment renfermant un Vocabulaire en langue et en caractères *si-fan* expliqué en chinois. — Deux vol. in-16.

56.

Arts et Métiers. — Collections de peintures Chinoises et Japonaises sur papier représentant divers sujets. — Un vol. gr. in-f°, relié à l'européenne.

57.

阿羅漢册 *O-lo-han tcheh.* Le registre du Vénérable. — Un vol. in-4°, plié en paravent et orné de scènes bouddhiques peintes sur feuilles d'arbre; texte en lettres d'or sur fond bleu; entre deux ais de bois.

Les signes chinois *O-lo-han* représentent le mot sanscrit अर्हत् *arhat* par lequel on désigne ceux qui ont atteint le 4e dégré de la perfection bouddhique. Dans son acception vulgaire, ce mot signifie «un saint» du Bouddhisme.

Un autre ouvrage du même genre est catalogué plus haut sous le N° 19. Celui-ci parait plus ancien.

58.

Album de huit peintures sur soie représentant des fleurs. — Un vol. gr. in-8°, plié en paravent.

59.

圓明園收藏册頁 *Youen-ming-youen cheou-tsang tchehieh.* Album de fleurs et d'oiseaux peints sur papier. — Un vol. in-4°, plié en paravent, provenant du palais impérial de Youen-ming-youen.

60.

La culture du riz en Chine. — Album renfermant douze peintures sur papier. — Un vol. gr. in-8°, plié en paravent.

61.

高情逸趣 *Kao-tsing yih-tsou.* Recueil de peintures chinoises sur papier représentant des fleurs, des fruits et divers autres sujets, par une société d'artistes qui ont apposé leur sceau sur leurs œuvres. — Un album in-4° obl., plié en paravent, entre deux ais de bois de fer.

62.

列僊圖賛 *Lieh-sien-tou-tsan.* Exposition des portraits des

Le philosophe Lao-tse en route pour l'Occident (N° 50).

Immortels; édition japonaise *S. l.*, 1784. — Trois vol. in-8°, nombreuses **figures**.

La figure, que nous repoduisons ici, à titre de spécimen de cette remarquable collection, représente le célèbre philosophe Lao-tse, émule et contemporain de Confucius (VIe siècle avant notre ère). La légende, en caractères antiques dits *ta-tchouen*, désigne ce philosophe sans le titre de 太上老君 «Le Très-Suprême Vénérable-Prince». Il est représenté au moment où, suivant la légende, il quitte la Chine pour se rendre en Occident, dans un attelage conduit par un bœuf.

63.

Collections de 12 peintures sur papier de riz, représentant des Oiseaux. — Un album MSC. in-4° obl., relié en soie damassée rouge.

64.

Album de peintures sur papier de riz, représentant une procession et des cérémonies religieuses. — Un vol. MSC. in-4° obl., relié en soie damassée rouge.

65.

Collections de 12 peintures sur papier de riz, représentant des navires. — Un album MSC. in-4° obl., relié en soie.

66.

Collections de vues peintes sur soie. — Un album MSC. in-4° en paravent, entre deux ais de bois.

67.

明呂吉文画溝休笏郿 *Ming Liu-ki-wen hoa keou-hieou-hoh-pi.* — Un album MSC. de peintures anciennes de Liu Ki-wen, sur soie, plié en paravent; gr. in-4°.

68.

晩笑堂竹莊画傳 *Wan-siao-tang Tchuh-tchouang-hoa tchouen.* Histoire des peintures conservées dans la salle où l'on rit dans la soirée. — Un vol. in-fol. min., figures.

69.

御製耕織圖 *Yu-tchi Keng-tcheh tou.* Figures relatives à l'Agriculture et au Tissage, publié par ordre impérial. — Un vol. in-4° maj. en paravent, entre deux ais de bois de fer.

70.

Album de sujets chinois peints sur soie, avec des pages intercalaires prépareés pour recevoir un texte explicatif. — Un vol. in-4° maj., plié en paravent.

71.

Fragment d'un album de peintures chinoises représentant divers métiers, notamment celui de tisserand. — In-4°, plié en paravent.

72.

西廂記 *Si-siang ki.* Histoire du Pavillon d'Occident; ouvrage du 6e des tsaï-tse modernes; édition publiée par 聖歎 *Ching-tan. S. l.*, Impr. *Wen-ki tang.* — Six tomes, ornés d'une jolie collection de **figures**, en un vol. in-12; dem. maroq. vert.

Voy. les Nos 42 et 60.

73.

水滸傳 *Choui-hou tchouen.* Histoire des pirates qui infestaient les mers de la Chine; ouvrage du 5e des tsaï-tse modernes; édition de *Ching-tan. S. l.*, Impr. *Kiaï-tse youen.* — Vingt tomes dans deux boites; **figures**.

Voy. le N° 42.

隸書 *Li-chou.* Recueil de caractères de l'ancienne écriture dite *li-chou*, comprenant des signes découpés et réunis sur un album. Impression très ancienne. — Un vol. in-4°, en paravent, entre deux ais.

75.

耕織圖(御製) *Keng-tcheh-tou (Yu-tchi).* Figures relatives à l'Agriculture et au Tissage, avec texte encadré d'ornements imprimés en couleur; édition impériale. Préface datée de 1696. — In-4°.

76.

風月 *Foung-youeh.* Album de peintures érotiques collées sur papier européen. — Une série in-fol. dans un carton.-In-4°.

77.

中嶽大帝讚 *Tchoung-yoh ta-ti tsan*, etc. Représentation des scènes mythologiques de la religion taosséiste et de la religion bouddhique. Recueil de peintures accompagnées d'un texte explicatif en regard de chaque planche. — Un vol. gr. in-fol., plié en paravent, entre deux ais doublés de soie.

78.

Collection manuscrite de figures représentant les différents métiers de l'industrie chinoise. — Dix vol. gr. in-4°, reliés en soie damassée rouge.

79.

康熙字典 *Kang-hi Tse-tien*. Les règles des caractères, ouvrage composé par ordre de l'empereur Kang-hi (1662-1723) et désigné communément sous le nom de Dictionnaire de l'Académie Chinoise. — Trente-deux vol. in-12.

Ce dictionnaire renferme l'explication de plus de 42,000 caractères différents.

80.

七巧新譜 *Tsih kiao tsin-pou*. Nouveau traité des sept habiletés. Manuel du Jeu de casse-tête chinois. *Canton*, Impr. *Wen-youen tang*, 1861. — Deux vol. in-12.

81.

花箋 *Hoa-tsien* (*Ti-pah tsaï-tse chou*). Le Papier d'Amour ou « Papier à Fleurs d'or »; roman cantonais en vers, composé par le huitième des *tsaï-tse* ou « lettrés de talent », avec un commentaire explicatif des expressions difficiles. Impr. *Fouh-wen tang*. — Quatre vol. in-12.

Voy. N° 42.

82.

Recueil de peintures chinoises relatives à la culture du Thé. Album composé de 50 planches, plus deux planches supplémentaires représentant des paysages. *S. l. n. d.* — Un vol. in-4° oblong.

Ces peintures paraissent avoir été faites vers le commencement du XVIIe siècle.

83.

京師城內首善全圖 Plan complet de la ville capitale de Péking. — Une grande feuille in-plano en rouleau.

84.

Grande peinture chinoise formée par une *natte* fabriquée en papier, et représentant les filles du prince de Tsi s'ennivrant pendant le sommeil de leur père, au clair de la lune. — Un rouleau.

85.

Grande peinture représentant un lettré, avec ses deux filles et deux jeunes garçons s'amusant à des jeux chinois. — Un rouleau suspension.

86.

Grande peinture populaire représentant toute une famille chinoise en un seul groupe. On voit au milieu l'aieul avec les cheveux et la barbe blancs, au haut ses deux fils devenus mandarins et autour d'eux leurs petits enfants. — Un rouleau suspension.

87.

La flotte anglo-française, à Tien-tsin, lors de la guerre contre la Chine sur le cours du fleuve Pe-ho. — Un rouleau.

88.

Collection de dix anciennes peintures faites en Chine et en genre chinois, par un Européen qui a cherché à contrefaire les œuvres de l'art indigène. — Un vol. in-fol. min.

89.

Album de quatre peintures chinoises, dont trois en style populaire sur papier ordinaire, et une en style recherché sur papier de riz. — Un vol. in-4°.

90.

Peinture populaire représentant des divinités bouddhiques. — Deux grands rouleaux suspensions.

91.

耶穌會例 *Ya-sou hoeï li.* Les Règles de la Compagnie de Jésus. — **MSS.** en caractères chinois microscopiques, écrit en Chine sur papier anglais Bath. — Un vol. in-16, avec une gravure, relié en soie blanche avec le chiffre de la C. de J.

Chaque page est ornée de coins peints en couleurs au pinceau et représentant des plantes et des fleurs. Remarquable spécimen de calligraphie et d'ornamentation chinoises.

92.

風女月蝶 *Foung-niu youeh-tieh.* Filles du Vent et Papillons de la Lune. Recueil de 24 peintures sur papier représentant des jeunes filles et des papillons de toutes sortes. — Un vol. in-4°, plié en paravent.

93.

鴈山名勝圖 *Yen-chan ming-tsing tou.* Représentations des endroits remarquables de la montagne des Oies sauvages. Recueil de huit peintures sur soie. — Un vol. in-4°, plié en paravent.

94.

Album de six peintures chinoises représentant la Cour, des tribunaux, des promenades sur l'eau, etc. — Un vol. in-4° obl.

95.

山海經註解 *Chan-haï-king tchu-kiaï.* Le Livre des Montagnes et des Mers, avec le commentaire de Kouo-poh. — *S. l.* n. d. — Deux vol. in-12.

C'est la plus ancienne géographie des Chinois et probablement la plus ancienne géographie du monde. Traduit par M. Léon de Rosny, dans les *Mémoires de la Société des études Japonaises.*

96.

大清搢紳全書 *Taï-tsing tsin-chen tsuen-chou.* Almanach officiel de la dynastie impériale chinoise des Très-Purs. — Quatre vol. in-12.

97.

致富新書 *Tchi-fou tsin-chou.* Le nouveau livre pour arriver à la fortune; traité d'Économie politique. *S. l.*, 1847. — Un vol. in-8°.

98.

善人安死之道 *Chen-jin ngan-sse tchi tao.* Moyen d'obtenir une mort calme pour les hommes bons. *S. l.*, Impr. *Ing-hoa-chou-youen*, 1846. — In-8°.

99.

八銘塾鈔 *Pah-ming-choh tchao.* Le Livre de la salle des Huit Inscriptions. Traité exégétique et philologique pour l'interprétation des livres classiques de l'École de Confucius. Avec supplément. *S. l.*, Impr. *Sse-king-tang*, 1792-1832. — Dix vol. in-8°.

100.

西域聞見錄 *Si-yuh wen-kien loh.* Récit d'un voyage dans les contrées occidentales de l'Asie. *S. l.*, 1767. — Deux vol. in-12, cartes.

LISTE DES IMPRIMERIES CHINOISES

CITÉES DANS CE CATALOGUE.

CONCORDANCE DES DATES CHINOISES ET JAPONAISES

POUR LES XVIIe, XVIIIe ET XIXe SIÈCLES

PAR

ALFRED MILLIOUD
élève de l'École des Hautes-Études

A.C.	CHINE		JAPON		CYCLE	A.C.	CHINE		JAPON		CYCLE
1600	萬曆	28	慶長	5	庚子	1617	—	45	—	3	丁巳
1601	—	29	—	6	辛丑	1618	—	46	—	4	戊午
1602	—	30	—	7	壬寅	1619	—	47	—	5	己未
1603	—	31	—	8	癸卯	1620	泰昌	1	—	6	庚申
1604	—	32	—	9	甲辰	1621	天啓	1	—	7	辛酉
1605	—	33	—	10	乙巳	1622	—	2	—	8	壬戌
1606	—	34	—	11	丙午	1623	—	3	—	9	癸亥
1607	—	35	—	12	丁未	1624	—	4	寛永	1	甲子
1608	—	36	—	13	戊申	1625	—	5	—	2	乙丑
1609	—	37	—	14	己酉	1626	—	6	—	3	丙寅
1610	—	38	—	15	庚戌	1627	—	7	—	4	丁卯
1611	—	39	—	16	辛亥	1628	崇禎	1	—	5	戊辰
1612	—	40	—	17	壬子	1629	—	2	—	6	己巳
1613	—	41	—	18	癸丑	1630	—	3	—	7	庚午
1614	—	42	—	19	甲寅	1631	—	4	—	8	辛未
1615	—	43	元和	1	乙卯	1632	—	5	—	9	壬申
1616	—	44	—	2	丙辰	1633	—	6	—	10	癸酉

A.C.	CHINE		JAPON		CYCLE	A.C.	CHINE		JAPON		CYCLE
1634	—	7	—	11	甲戌	1658	—	12	萬治	1	戊戌
1635	—	8	—	12	乙亥	1659	—*	13	—	2	已亥
1636	—	9	—	13	丙子	1660	順治	17	—	3	庚子
1637	—	10	—	14	丁丑	1661	—	18	寛文	1	辛丑
1638	—	11	—	15	戊寅	1662	康熙	1	—	2	壬寅
1639	—	12	—	16	已卯	1663	—	2	—	3	癸卯
1640	—	13	—	17	庚辰	1664	—	3	—	4	甲辰
1641	—	14	—	18	辛巳	1665	—	4	—	5	乙巳
1642	—	15	—	19	壬午	1666	—	5	—	6	丙午
1643	—	16	—	20	癸禾	1667	—	6	—	7	丁未
1644	—*	17	正保	1	甲申	1668	—	7	—	8	戊申
1645	弘光	1	—	2	乙酉	1669	—	8	—	9	已酉
1646	隆武	1	—	3	丙戌	1670	—	9	—	10	庚戌
1647	永曆	1	—	4	丁亥	1671	—	10	—	11	辛亥
1648	—	2	慶安	1	戊子	1672	—	11	—	12	壬子
1649	—	3	—	2	已丑	1673	—	12	延寶	1	癸丑
1650	—	4	—	3	庚寅	1674	—	13	—	2	甲寅
1651	—	5	—	4	辛卯	1675	—	14	—	3	乙卯
1652	—	6	承應	1	壬辰	1676	—	15	—	4	丙辰
1653	—	7	—	2	癸巳	1677	—	16	—	5	丁巳
1654	—	8	—	3	甲午	1678	—	17	—	6	戊午
1655	—	9	明曆	1	乙未	1679	—	18	—	7	已未
1656	—	10	—	2	丙申	1680	—	19	—	8	庚申
1657	—	11	—	3	丁酉	1681	—	20	天和	1	辛酉

* Voir la note à la fin de cette concordance.

A.C.	CHINE		JAPON		CYCLE	A.C.	CHINE		JAPON		CYCLE
1682	—	21	—	2	壬戌	1706	—	45	—	3	丙戌
1683	—	22	—	3	癸亥	1707	—	46	—	4	丁亥
1684	—	23	貞享	1	甲子	1708	—	47	—	5	戊子
1685	—	24	—	2	乙丑	1709	—	48	—	6	己丑
1686	—	25	—	3	丙寅	1710	—	49	—	7	庚寅
1687	—	26	—	4	丁卯	1711	—	50	正德	1	辛卯
1688	—	27	元祿	1	戊辰	1712	—	51	—	2	壬辰
1689	—	28	—	2	己巳	1713	—	52	—	3	癸巳
1690	—	29	—	3	庚午	1714	—	53	—	4	甲午
1691	—	30	—	4	辛未	1715	—	54	—	5	乙未
1692	—	31	—	5	壬申	1716	—	55	享保	1	丙申
1693	—	32	—	6	癸酉	1717	—	56	—	2	丁酉
1694	—	33	—	7	甲戌	1718	—	57	—	3	戊戌
1695	—	34	—	8	乙亥	1719	—	58	—	4	己亥
1696	—	35	—	9	丙子	1720	—	59	—	5	庚子
1697	—	36	—	10	丁丑	1721	—	60	—	6	辛丑
1698	—	37	—	11	戊寅	1722	—	61	—	7	壬寅
1699	—	38	—	12	己卯	1723	雍正	1	—	8	癸卯
1700	—	39	—	13	庚辰	1724	—	2	—	9	甲辰
1701	—	40	—	14	辛巳	1725	—	3	—	10	乙巳
1702	—	41	—	15	壬午	1726	—	4	—	11	丙午
1703	—	42	—	16	癸未	1727	—	5	—	12	丁未
1704	—	43	寶永	1	甲申	1728	—	6	—	13	戊申
1705	—	44	—	2	乙酉	1729	—	7	—	14	己酉

A.C.	CHINE		JAPON		CYCLE	A.C.	CHINE		JAPON		CYCLE
1730	—	8	—	15	庚戌	1754	—	19	—	4	甲戌
1731	—	9	—	16	辛亥	1755	—	20	—	5	乙亥
1732	—	10	—	17	壬子	1756	—	21	—	6	丙子
1733	—	11	—	18	癸丑	1757	—	22	—	7	丁丑
1734	—	12	—	19	甲寅	1758	—	23	—	8	戊寅
1735	—	13	—	20	乙卯	1759	—	24	—	9	己卯
1736	乾隆	1	元文	1	丙辰	1760	—	25	—	10	庚辰
1737	—	2	—	2	丁巳	1761	—	26	—	11	辛巳
1738	—	3	—	3	戊午	1762	—	27	—	12	壬午
1739	—	4	—	4	己未	1763	—	28	—	13	癸未
1740	—	5	—	5	庚申	1764	—	29	明和	1	甲申
1741	—	6	寛保	1	辛酉	1765	—	30	—	2	乙酉
1742	—	7	—	2	壬戌	1766	—	31	—	3	丙戌
1743	—	8	—	3	癸亥	1767	—	32	—	4	丁亥
1744	—	9	延享	1	甲子	1768	—	33	—	5	戊子
1745	—	10	—	2	乙丑	1769	—	34	—	6	己丑
1746	—	11	—	3	丙寅	1770	—	35	—	7	庚寅
1747	—	12	—	4	丁卯	1771	—	36	—	8	辛卯
1748	—	13	寛延	1	戊辰	1772	—	37	安永	1	壬辰
1749	—	14	—	2	己巳	1773	—	38	—	2	癸巳
1750	—	15	—	3	庚午	1774	—	39	—	3	甲午
1751	—	16	寶曆	1	辛未	1775	—	40	—	4	乙未
1752	—	17	—	2	壬申	1776	—	41	—	5	丙申
1753	—	18	—	3	癸酉	1777	—	42	—	6	丁酉

A.C.	CHINE		JAPON		CYCLE	C.A.	CHINE		JAPON		CYCLE
1778	—	43	—	7	戊戌	1802	—	7	—	2	壬戌
1779	—	44	—	8	己亥	1803	—	8	—	3	癸亥
1780	—	45	—	9	庚子	1804	—	9	文化	1	甲子
1781	—	46	天明	1	辛丑	1805	—	10	—	2	乙丑
1782	—	47	—	2	壬寅	1806	—	11	—	3	丙寅
1783	—	48	—	3	癸卯	1807	—	12	—	4	丁卯
1784	—	49	—	4	甲辰	1808	—	13	—	5	戊辰
1785	—	50	—	5	乙巳	1809	—	14	—	6	己巳
1786	—	51	—	6	丙午	1810	—	15	—	7	庚午
1787	—	52	—	7	丁未	1811	—	16	—	8	辛未
1788	—	53	—	8	戊申	1812	—	17	—	9	壬申
1789	—	54	寛政	1	己酉	1813	—	18	—	10	癸酉
1790	—	55	—	2	庚戌	1814	—	19	—	11	甲戌
1791	—	56	—	3	辛亥	1815	—	20	—	12	乙亥
1792	—	57	—	4	壬子	1816	—	21	—	13	丙子
1793	—	58	—	5	癸丑	1817	—	22	—	14	丁丑
1794	—	59	—	6	甲寅	1818	—	23	文政	1	戊寅
1795	—	60	—	7	乙卯	1819	—	24	—	2	己卯
1796	嘉慶	1	—	8	丙辰	1820	—	25	—	3	庚辰
1797	—	2	—	9	丁巳	1821	道光	1	—	4	辛巳
1798	—	3	—	10	戊午	1822	—	2	—	5	壬午
1799	—	4	—	11	己未	1823	—	3	—	6	癸未
1800	—	5	—	12	庚申	1824	—	4	—	7	甲申
1801	—	6	享和	1	辛酉	1825	—	5	—	8	乙酉

A.C.	CHINE		JAPON		CYCLE	A.C.	CHINE		JAPON		CYCLE
1826	—	6	—	9	丙戌	1850	—	1	—	3	庚戌
1827	—	7	—	10	丁亥	1851	咸豐	2	—	4	辛亥
1828	—	8	—	11	戊子	1852	—	3	—	5	壬子
1829	—	9	—	12	己丑	1853	—	4	—	6	癸丑
1830	—	10	天保	1	庚寅	1854	—	5	安政	1	甲寅
1831	—	11	—	2	辛卯	1855	—	6	—	2	乙卯
1832	—	12	—	3	壬辰	1856	—	7	—	3	丙辰
1833	—	13	—	4	癸巳	1857	—	8	—	4	丁巳
1834	—	14	—	5	甲午	1858	—	9	—	5	戊午
1835	—	15	—	6	乙未	1859	—	10	—	6	己未
1836	—	16	—	7	丙申	1860	—		萬延	1	庚申
1837	—	17	—	8	丁酉	1861	—		文久	1	辛酉
1838	—	18	—	9	戊戌	1862	同治	1	—	2	壬戌
1839	—	19	—	10	己亥	1863	—	2	—	3	癸亥
1840	—	20	—	11	庚子	1864	—	3	元治	1	甲子
1841	—	21	—	12	辛丑	1865	—	4	—	2	乙丑
1842	—	22	—	13	壬寅	1866	—	5	—	3	丙寅
1843	—	23	—	14	癸卯	1867	—	6	—	4	丁卯
1844	—	24	弘化	1	甲辰	1868	—	7	明治	1	戊辰
1845	—	25	—	2	乙巳	1869	—	8	—	2	己巳
1846	—	26	—	3	丙午	1870	—	9	—	3	庚午
1847	—	27	—	4	丁未	1871	—	10	—	4	辛未
1848	—	28	嘉永	1	戊申	1872	—	11	—	5	壬申
1849	—	29	—	2	己酉	1873	—	12	—	6	癸酉

A.C.	CHINE	JAPON	CYCLE	A.C.	CHINE	JAPON	CYCLE
1874	—	—	甲戌	1898	—	—	戊戌
1875	—	—	乙亥	1899	—	—	已亥
1876	—	—	丙子	1900	—	—	庚子
1877	—	—	丁丑	1901	—	—	辛丑
1878	—	—	戊寅	1902	—	—	壬寅
1879	—	—	已卯	1903	—	—	癸卯
1880	—	—	庚辰	1904	—	—	甲辰
1881	—	—	辛巳	1905	—	—	乙巳
1882	—	—	壬午	1906	—	—	丙午
1883	—	—	癸未	1907	—	—	丁未
1884	—	—	甲申	1908	—	—	戊申
1885	—	—	乙酉	1909	—	—	已酉
1886	—	—	丙戌	1910	—	—	庚戌
1887	—	—	丁亥	1911	—	—	辛亥
1888	—	—	戊子	1912	—	—	壬子
1889	—	—	已丑	1913	—	—	癸丑
1890	—	—	庚寅	1914	—	—	甲寅
1891	—	—	辛卯	1915	—	—	乙卯
1892	—	—	壬辰	1916	—	—	丙辰
1893	—	—	癸巳	1917	—	—	丁巳
1894	—	—	甲午	1918	—	—	戊午
1895	—	—	乙未	1919	—	—	已未
1896	—	—	丙申	1920	—	—	庚申
1897	—	—	丁酉	1921	—	—	辛酉

A.C.	CHINE	JAPON	CYCLE	A.C.	CHINE	JAPON	CYCLE
1922	—	—	壬戌	1940	—	—	庚辰
1923	—	—	癸亥	1941	—	—	辛巳
1924	—	—	甲子	1942	—	—	壬午
1925	—	—	乙丑	1943	—	—	癸未
1926	—	—	丙寅	1944	—	—	甲申
1927	—	—	丁夘	1945	—	—	乙酉
1928	—	—	戊辰	1946	—	—	丙戌
1929	—	—	己巳	1947	—	—	丁亥
1930	—	—	庚午	1948	—	—	戊子
1931	—	—	辛未	1949	—	—	己丑
1932	—	—	壬申	1950	—	—	庚寅
1933	—	—	癸酉	1951	—	—	辛夘
1934	—	—	甲戌	1952	—	—	壬辰
1935	—	—	乙亥	1953	—	—	癸巳
1936	—	—	丙子	1954	—	—	甲午
1937	—	—	丁丑	1955	—	—	乙未
1938	—	—	戊寅	1956	—	—	丙申
1939	—	—	己夘	1957	—	—	丁酉

L'année 1644, date de la mort de l'empereur des *Ming*, est en même temps la 17e année du règne de ce prince (崇禎) suivant la computation des légitimistes chinois, et la 1re année du règne de l'empereur (Mandchou) des *Taï-tsing*, suivant la computation des conquérants tatares. En 1660, la dynastie chinoise des *Ming* est considérée comme définitivement éteinte, et les Chinois, légitimistes ou autres, sont réduits à ne plus compter les années qu'à partir de la date de l'avénement de l'empereur mandchou *Chun-chi*. Il en résulte qu'après la 13e année *Young-li* (1659), on place la 17e année *Chun-chi* (1660) comme l'indique notre tableau.

DE LA CLASSIFICATION DES LIVRES

D'APRÈS LE SYSTÈME DES BIBLIOGRAPHES CHINOIS.

Le plus important livre de bibliographie chinoise est le catalogue descriptif et raisonné de la grande bibliothèque de l'empereur *Kien-loung*. Ce catalogue est intitulé 欽定四庫全書總目 *Kin-ting Sse-kou tsuen-chou tsoung-mouh*. Il en existe un abrégé qui, sous le titre de 欽定四庫全書簡明目錄 *Kin-ting Sse-kou tsuen-chou kien-ming mouh-loh*, a l'avantage de ne nous citer que les livres les plus importants de l'immense littérature du Céleste-Empire.

Voici la liste des divisions bibliographiques, telle qu'on la trouve dans ce catalogue:

I. 經部 *King-pou*. Sections des Livres Canoniques.

1. *Yih-loui*. Éditions du Livre des Transformations.
2. *Chou-loui*. Éditions du Livre par excellence (Bible)
3. *Chi-loui*. Éditions du Livre des Poésies populaires.
4. *Li-loui*. Éditions du Grand Rituel.
5. *Tchun-tsieou-loui*. Éditions du Printemps et l'Automne.
6. *Hiao-king-loui*. Editions du Livre de la Piété filiale.
7. *Ou-king tsoung-i-loui*. Interprétation générale des livres canoniques.
8. *Sse-chou loui*. Éditions des Quatre Livres classiques.
9. *Yoh loui*. Éditions du Livre sur la Musique.
10. *Siao-hioh loui*. Éditions de la Petite Étude.

II. 史部 *Chi-pou*. Sections des Historiens.

1. *Tching-sse*. Historiens corrects ou officiels.
2. *Pien-nien loui*. Annales.

3. *Ki-ssé pen-mo loui.* Histoires particulières.
4. *Pieh-sse-loui.* Histoires complémentaires.
5. *Tsah-sse-loui.* Historiens divers.
6. *Tchao-ling-tseou-i loui.* Diplomatique.
7. *Tchouen-ki loui.* Biographie.
8. *Sse-tchao loui.* Résumés historiques.
9. *Tsaï-ki loui.* Histoire des pays étrangers et tributaires.
10. *Chi-ling loui.* Connaissance du temps.
11. *Ti-li loui.* Géographie.
12. *Tchi-kouan loui.* Histoire administrative.
13. *Tching-chou loui.* Science gouvernementale.
14. *Mouh-loh loui.* Bibliographie.
15. *Sse-ping loui.* Critique historique.

III. 子部 *Tse pou.* Section Philosophique.

1. *Jou-kia-loui.* École des Lettrés.
2. *Ping-kia loui.* École de Stratégie.
3. *Fah-kia loui.* École de Législation.
4. *Nong-kia loui.* École Agronomique.
5. *I-kia loui.* École Médicale.
6. *Tien-wen souan-fah loui.* Astronomie et Mathématiques.
7. *Chuh-sou loui.* Divination.
8. *I-chuh loui.* Beaux-Arts.
9. *Pou-loh loui.* Polygraphes.
10. *Tsah-kia loui.* Écoles diverses.
11. *Loui-chou loui.* Encyclopédies.
12. *Siao-choueh-kia loui.* École de Littérature légère.
13. *Cheh-kia loui.* École Bouddhique.
14. *Tao-kia loui.* École Taoïste et Taosséisme.

IV. 集部 *Tsih-pou.* Belles-Lettres.

1. *Tsou-tse loui.* Poésies du royaume de Tsou.
2. *Pieh-tsih.* Littérature et Poésies diverses.
3. *Tsoung-tsih.* Collections.
4. *Chi-wen ping.* Critique poétique et littéraire.
5. *Tse-kioh-loui.* Poésie lyrique.

GRANDES ANNALES DE LA CHINE.

En dehors des *King*, qui peuvent être considérés comme les bases de l'histoire nationale de la Chine, on a réuni, sous le titre de Grandes Annales de la Chine, vingt-quatre ouvrages dont voici l'énumération :

1. 史記 *Sse-ki.* Mémoires Historiques, par le grand historiographe 司馬遷 *Sse-ma Tsien*, surnommé l'Hérodote de la Chine (Comprend l'histoire de l'empire depuis les temps les plus reculés jusqu'en 122 avant notre ère.
2. 前漢書 *Tsien Han-chou.* Annales des Han-Primitifs, par 班固 *Pan-kou.* (De 206 av. n. è., à 24 de n. è.).
3. 後漢書 *Heou Han-chou.* Annales des Han-Postérieurs, par 范曄 *Fan Ye* (De 25 à 220 de n. è.).
4. 三國志 *San-koueh tchi.* Histoire des Trois Royaumes, par 陳壽 *Tchin Cheou* (De 220 à 280).
5. 晉書 *Tsin chou.* Annales des Tsin, par 房喬 *Fang-kiao* (De 265 à 419).
6. 宋書 *Soung chou.* Annales des Soung, par 沈約 *Tchin Yoh* (De 420 à 478).
7. 南齊書 *Nan-Tsi chou.* Annales des Tsi-Méridionaux, par 蕭子顯 *Siao Tse-hien* (De 479 à 501).
8. 梁書 *Liang chou.* Annales des Liang, par 姚思廉 *Yao Sse-lien* (De 502 à 556).
9. 陳書 *Tchin chou.* Annales des Tchin, par *le même* (De 557 à 580).
10. 魏書 *Weï chou.* Annales des Weï, par 魏收 *Weï-cheou* (De 386 à 556).
11. 北齊書 *Peh-Tsi chou.* Annales des Tsi-Septentrionaux, par 季百藥 *Li Peh-yoh* (De 550 à 577).

12. 周書 *Tcheou chou*. Annales de la petite dynastie des Tcheou, par 令狐德棻 *Ling-hou Teh-fen* (De 557 à 281).

13. 隋書 *Soui chou*. Annales des Soui, par 魏徵 *Weï Tching*. (De 581 à 617).

14. 南史 *Nan-se*. Histoire du Midi, par 李延壽 *Li Yen-cheou* (De 420 à 589).

15. 北史 *Peh-sse*. Histoire du Nord, par *le même*. (De 386 à 581).

16. 舊唐書 *Kieou Tang chou*. Anciennes Annales des Tang, par 劉昫 *Lieou Hiu* (De 618 à 906).

17. 新唐書 *Tsin Tang chou*. Nouvelles Annales des Tang, par 歐陽修 *Ngeou-yang-sieou* et 宋祁 *Soung-ki* (De 618 à 906).

18. 舊五代史 *Kieou Ou-taï sse*. Ancienne Histoire des Cinq dynasties, par 薛居正 *Sien Kiu-ching* (De 907 à 959).

19. 新五代史 *Tsin Ou-taï sse*. Nouvelle Histoire des Cinq dynasties, par 歐陽修 *Ngeou-yang-sieou* (De 907 à 959).

20. 宋史 *Soung chi*. Histoires des Soung, par 脫脫 *Toh-toh*. (De 960 à 1279).

21. 遼史 *Liao sse*. Histoire des Liao, par *le même*. (De 916 à 1125).

22. 金史 *Kin sse*. Histoire des Kin, par *le même*. (De 1115 à 1234).

23. 元史 *Youen sse*. Histoire des Youen, par 宋濂 *Soung Lien* (De 1206 à 1367).

24. 明史 *Ming sse*. Histoire des Ming, par 張廷玉 *Tchang Ting-yuh* (De 1368 à 1643).

Suivant les principes de la politique chinoise, lès annales de la dynastie des 大淸 *Taï-tsing*, actuellement régnante (depuis 1616) n'ont pas été publiées.

BRILL, Imprimeur de la Société des études Japonaises, à Leide.

Pour paraître prochainement:

CATALOGUE DES LIVRES ET MANUSCRITS JAPONAIS

COLLECTIONNÉS

par **A. LESOUËF**.

In-8° avec planches et figures.

www.ingramcontent.com/pod-product-compliance
Ingram Content Group UK Ltd.
Pitfield, Milton Keynes, MK11 3LW, UK
UKHW020219200726
13856UKWH00004B/1502

9 782013 414074